Alte Allgäuer Küche

Alte Allgäuer Küche

7Hill ist ein Imprint der Tandem Verlag GmbH

Autor: Klaus Teuber für NOVA Libra medien, Köln
Einbandgestaltung: agilmedien, Niederkassel
Layout & Satz: Derek Gotzen und Ulrike Jasser für NOVA Libra medien, Köln

Gesamtherstellung: Tandem Verlag GmbH, Potsdam

Printed in Hungary

ISBN 978-3-8331-5948-0

10 9 8 7 6 5 4 3 2 1

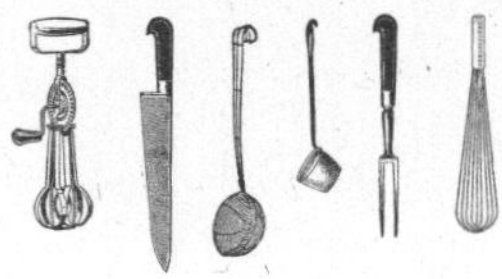

Inhalt

Einleitung

Die Allgäuer Küche ist ehrlich, bodenständig, schnörkellos, schlicht und wunderbar zugleich. Man kocht mit Lebensmitteln, die hier ihren Ursprung haben. Butter, Eier, Käse, Milch, frisches Gemüse, Kartoffeln und Obst sind die Zutaten für diese gehaltvolle, aromatische und zugleich gesunde Küche, in der weniger Fleisch auf den Tisch kommt als in anderen Regionen. Und trotzdem ist im Speiseplan Abwechslung angesagt, denn zahlreiche appetitliche Schmankerl verschönern im Allgäu jeden Tag: üppige Brotzeiten, klare und gebundene Suppen, süße und herzhafte Brot- und Mehlspeisen, Schweinsbraten mit rescher Kruste und die vielen luftigen Knödelsorten bringen manchen Feinschmecker aus der Ruhe. Dazu genießt man die gehaltvollen Biersorten und die wunderbaren Obstbrände der Region. Wer danach immer noch einen kleinen ungefüllten Winkel in seinem Magen findet, kann sich an Vanille- und Semmelaufläufen oder den fruchtigen Kompotts gütlich tun. Die Allgäuer Küche vermag jede Lücke zu füllen. Alle Gerichte können einfach und schnell nachgekocht werden. Mit dieser Rezeptsammlung können Sie für sich die echte Allgäuer Küche entdecken und viele Rezepte in Ihr persönliches Küchenrepertoire aufnehmen. Wir wünschen Ihnen viel Spaß beim Nachkochen und guten Appetit.

Brotzeit

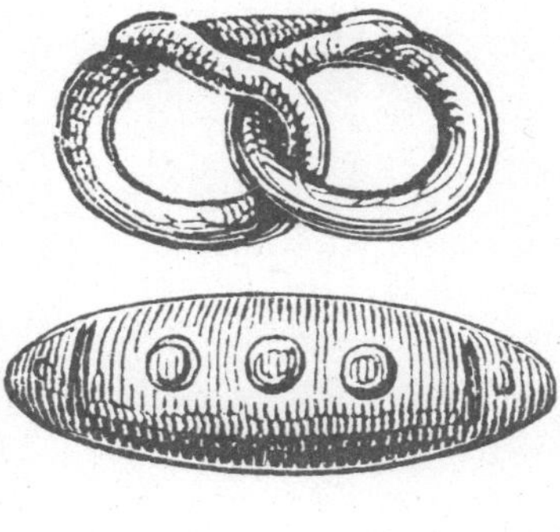

Saure Wurst

Für 4 Personen
Zubereitungszeit: 15 Minuten

Einkaufsliste/Zutaten
2 Zwiebeln
400 g Knoblauchwurst in Scheiben
4 El Pflanzenöl
4 El Essig
Salz
Schwarzer Pfeffer aus der Mühle

Garnierung
Kapern

Vorküche

Die Zwiebeln schälen und in feine Ringe schneiden.

Zubereitung

Die Knoblauchwurstscheiben auf 4 Tellern anrichten. Mit Öl und Essig beträufeln. Salzen und pfeffern und mit reichlich Zwiebelringen belegen.

Servieren

Servieren Sie die Saure Wurst mit Kapern bestreut.

Merkzettel

In manchen Teilen des Allgäus schwimmen die Wurstscheiben in Öl und Essig. Es sollte beides auf dem Tisch stehen, damit man nach Gusto nachwürzen kann.

Bierrettich mit Brezel

Für 4 Personen
Zubereitungszeit: 15 Minuten (ohne Wartezeit)

Einkaufsliste/Zutaten

1 kg weißer Rettich (Radi)
3 El Bier
Salz
Weißer Pfeffer
2 El Essig
2 El Öl
4 Laugenbrezel

Garnierung

Schnittlauchröllchen

Vorküche

Den Rettich waschen und schälen.

Zubereitung

Den Rettich auf der Küchenreibe in hauchdünne Scheiben hobeln. In eine Schüssel füllen. Aus Bier, Salz, Pfeffer, Essig und Öl eine Marinade rühren und über die Rettichscheiben geben. 30 Minuten abgedeckt an einem kühlen Ort ziehen lassen.

Servieren

Servieren Sie den Bierrettich mit Schnittlauchröllchen bestreut und reichen Sie frische Laugenbrezel dazu.

Merkzettel

Wer es würziger mag, kann noch Zwiebelringe über den Rettich geben.

Allgäuer Lumpensuppe

Für 4 Personen
Zubereitungszeit: 30 Minuten (ohne Wartezeit)

Einkaufsliste/Zutaten

1 Zwiebel
5 Radieschen
100 g roter Presssack
100 g weißer Presssack
100 g Lyoner Wurst
100 g Bergkäse
Salz
Schwarzer Pfeffer aus der Mühle
3 El Weinessig
3 El Pflanzenöl
1 El süßer Senf
4 Scheiben Bauernbrot

Garnierung

Schnittlauchröllchen

Vorküche

Die Zwiebel schälen, halbieren und in dünne Scheiben schneiden. Radieschen waschen, putzen und ebenfalls in Scheiben schneiden.

Zubereitung

Alle Wurstsorten und den Käse in Würfel schneiden. In einer Schüssel mit Zwiebel- und Radieschenscheiben vermischen. Aus den übrigen Zutaten eine Marinade rühren und mit 3 El warmem Wasser vermischen. Über den Schüsselinhalt gießen und abgedeckt für 20 Minuten ziehen lassen.

Servieren

Zum Servieren die Lumpensuppe in kleinen Schüsseln anrichten, mit Schnittlauchröllchen bestreuen und dazu das Bauernbrot reichen. Zu dieser kräftigen Brotzeit passt ein frisches Bier.

Merkzettel

Presssack ist eine Sülze. Einst wurde er nach dem Garen und Abkühlen zwischen zwei Holzplatten leicht gepresst, woher auch sein Name stammt. Auf diese Weise konnten sich die Einlagen gleichmäßig verteilen.

Limburger mit Zwiebeln

Für 4 Personen
Zubereitungszeit: 15 Minuten

Einkaufsliste/Zutaten

4 rote Zwiebeln
4 Scheiben Bauernbrot
100 g Butter
400 g Limburger

Garnierung

Kümmelkörner

Vorküche

Die Zwiebeln schälen und in dünne Ringe schneiden.

Zubereitung

Die Bauernbrotscheiben gut buttern. Den Limburger in Scheiben schneiden, auf den Broten verteilen und üppig mit Zwiebelringen belegen. Auf 4 Holztellern anrichten.

Servieren

Servieren Sie die Limburgerbrote mit Kümmelkörnern bestreut und reichen Sie einen Obstler dazu.

Merkzettel

Der Limburger ist ein sehr würziger und recht streng duftender Rotschmierkäse. Er sollte im Kühlschrank gut verpackt aufbewahrt werden.

Suppen

Klare Gemüsesuppe
– Grundrezept –

Für 4 Personen
Zubereitungszeit: 30 Minuten
Kochzeit: 1¼ Stunden

Einkaufsliste/Zutaten

2 Stangen Lauch
3 Möhren
½ Knollensellerie
2 Petersilienwurzeln
1 Bund Petersilie
1 Zwiebel
2 Knoblauchzehen
2 Lorbeerblätter
1 Tl Salz
1 Tl schwarze Pfefferkörner

Garnierung

Gehackte Petersilie

Vorküche

Lauch, Möhren, Knollensellerie und Petersilienwurzel putzen, waschen und in grobe Stücke schneiden und je 1 Stück zurückbehalten. Von der Petersilie die Stiele abschneiden und die Petersilienblätter hacken. Die Zwiebel nur an der Wurzel säubern. Knoblauch schälen.

Zubereitung

Alle Zutaten mit den Gewürzen in einen großen Topf geben. 1½ l kaltes Wasser angießen, auf den Herd setzen und aufkochen lassen. Hitze reduzieren und 30 Minuten leicht köcheln. Die Brühe durch ein Sieb gießen. Das restliche Gemüse in feine Streifen schneiden und wieder in die Brühe geben. Nochmals 10 Minuten köcheln und herzhaft mit Salz und Pfeffer abschmecken.

Servieren

Zum Servieren die Gemüsebrühe mit der Gemüseeinlage in Suppenteller füllen und mit Petersilie bestreut servieren.

Merkzettel

Diese Gemüsebrühe ist die Basis für die folgenden Suppenrezepte. Dort wird sie zum Teil ohne die nachträgliche Gemüseeinlage verwendet.

Leberknödelsuppe

Für 4 Personen
Zubereitungszeit: 30 Minuten (ohne Wartezeit)
Kochzeit: 30 Minuten

Einkaufsliste/Zutaten

300 g gemischte Leber
(Huhn, Kalb, Rind)
1 Zwiebel
1 Knoblauchzehe
4 Semmeln (Brötchen)
3 Eier
Frische geriebene Muskatnuss
1 Tl getrockneter Majoran
½ Tl Salz
½ Tl Rosmarinpulver
¼ l lauwarme Milch
3 El Mehl
1½ l Gemüsebrühe
(siehe Grundrezept S. 14)

Garnierung

Frische Petersilienblättchen

Vorküche

Die Leber waschen und von allen Häutchen befreien. Durch die feine Scheibe des Fleischwolfs drehen. Die Zwiebel und den Knoblauch schälen und fein hacken. Die Semmeln in feine Scheiben schneiden.

Zubereitung

Die Eier in eine große Schüssel geben und verquirlen. Alle Gewürze, Zwiebel- und Knoblauchwürfel zufügen und gut vermischen. Milch, Leber, die klein geschnittenen Semmeln und das Mehl dazugeben und mit dem Holzlöffel gut durcharbeiten. Die Schüssel abdecken und für 1 Stunde quellen lassen. Aus dem Teig 4 gleich große Knödel formen und in der heißen Gemüsebrühe 30 Minuten ziehen lassen.

Servieren

Zum Servieren die Leberknödel in Suppenteller geben, mit der heißen Gemüsebrühe aufgießen und mit Petersilienblättchen garniert zu Tisch bringen.

Merkzettel

Achten Sie beim Einkauf darauf, dass die Leber ganz frisch ist. Sie muss eventuell beim Metzger vorbestellt werden.

Brotsuppe

Für 4 Personen
Zubereitungszeit: 30 Minuten
Kochzeit: 30 Minuten

Einkaufsliste/Zutaten

250 g altbackenes Roggenbrot
200 g durchwachsener Speck
1 Zwiebel
4 El Gänseschmalz
8 El Mehl
1 l Gemüsebrühe
(siehe Grundrezept S. 14)
Salz
Schwarzer Pfeffer aus der Mühle

Garnierung

Einige Schnittlauchröllchen

Vorküche

Das Roggenbrot in kaltem Wasser einweichen und mindestens 3 Stunden quellen lassen. Speck und Zwiebel in kleine Würfel schneiden.

Zubereitung

Das Gänseschmalz in einem Topf schmelzen und darin Speck- und Zwiebelwürfel anschwitzen. Das Brot ausdrücken, dazugeben und das Ganze mit einem Kartoffelstampfer im Topf zerdrücken. Das Mehl darüber stäuben und schnell unterrühren. Nach und nach mit der Gemüsebrühe aufgießen. Mit Salz und Pfeffer würzen. Auf kleiner Flamme etwa 20 Minuten köcheln lassen. Die Suppe soll eine dickliche Konsistenz haben.

Servieren

Zum Servieren die Suppe in Schalen füllen und mit Schnittlauchröllchen garnieren.

Merkzettel

Je länger das Brot im Wasser quellen kann, umso sämiger wird nachher die Suppe.

Gerstensuppe mit Zwiebel-Schwarten-Grieben

Für 4 Personen
Zubereitungszeit: 20 Minuten (ohne Wartezeit)
Koch- & Bratzeit: ca. 2¼ Stunden

Einkaufsliste/Zutaten

1 Tasse Gerste
1 l Gemüsebrühe
(siehe Grundrezept S. 14)
250 g frischer Schweinebauch mit Schwarte
Salz
Frisch geriebene Muskatnuss
1 Tl getrockneter Majoran
1 Zwiebel
1 El Schweineschmalz

Garnierung

Zwiebel-Schwarten-Grieben

Vorküche

Die Gerste über Nacht in ½ l warmem Wasser einweichen.

Zubereitung

Die gequollene Gerste in einem Sieb abgießen und mit der Gemüsebrühe und dem Schweinebauch in einen Suppentopf geben. Für circa 2 Stunden auf kleiner Flamme köcheln lassen. Den Schweinebauch herausnehmen, die Schwarte abschneiden und beides in kleine Würfel schneiden. Den Schweinebauch mit Salz, Muskatnuss und Majoran wieder in die Suppe geben. Die Zwiebel schälen, in feine Würfel schneiden und zusammen mit der gewürfelten Schwarte im Schmalz kross ausbraten.

Servieren

Servieren Sie die Suppe in Schalen und streuen Sie die Zwiebel-Schwarten-Grieben darüber.

Merkzettel

Zum Entfetten legen Sie die Schwartengrieben nach dem Braten auf ein Küchenpapier.

Flädlesuppe

Für 4 Personen
Zubereitungszeit: 40 Minuten (ohne Wartezeit)
Koch- & Backzeit: 15 Minuten

Einkaufsliste/Zutaten

1 Bund glatte Petersilie
200 g Mehl
4 Eier
½ l Milch
½ Tl Salz
Frisch geriebene Muskatnuss
1 El Schmalz
1½ l Gemüsebrühe
(siehe Grundrezept S. 14)

Garnierung

Einige Petersilienblättchen

Vorküche

Die Petersilie waschen, einige Blättchen auf Seite legen, den Rest hacken.

Zubereitung

Das Mehl in eine Rührschüssel geben. Die Eier, Milch, Salz, Muskatnuss und die gehackte Petersilie zufügen und daraus einen dünnflüssigen Teig rühren. Etwa 15 Minuten quellen lassen. Das Schmalz in einer Pfanne erhitzen und nach und nach aus dem Teig dünne Fladen ausbacken. Die Fladen aufrollen und mit einem scharfen Messer in dünne Streifen (Flädle) schneiden. Die Gemüsebrühe stark erhitzen.

Servieren

Zum Servieren die Flädle auf 4 Suppenteller verteilen und mit der heißen Gemüsebrühe auffüllen. Mit Petersilienblättchen garnieren.

Merkzettel

Flädle lassen sich gut vorbereiten und halten sich im Kühlschrank unter Frischhaltefolie bis zu zwei Tage.

Grießknödelsuppe

Für 4 Personen
Zubereitungszeit: 30 Minuten (ohne Wartezeit)
Kochzeit: ca. 30 Minuten

Einkaufsliste/Zutaten

1 kleine Möhre
½ Stange Lauch
1 kleines Stück Knollensellerie
5 El weiche Butter
1 Ei
1 Eigelb
6 El Hartweizengrieß
Salz
Schwarzer Pfeffer aus der Mühle
Frisch geriebene Muskatnuss
1½ l Gemüsebrühe mit Gemüseeinlage
(siehe Grundrezept S. 14)

Garnierung

Einige Schnittlauchröllchen

Vorküche

Möhre, Lauch und Knollensellerie waschen, putzen und in feine Streifen schneiden.

Zubereitung

Die weiche Butter mit den Schneebesen des Handrührers cremig rühren. Ei, Eigelb, Grieß und die Gewürze zufügen und zu einem festen Teig verarbeiten. Sollte der Teig zu weich sein, noch etwas Grieß zufügen. Den Teig an einem kühlen Ort etwa 1½ Stunden ruhen lassen. Mit einem Teelöffel Nocken abstechen und zwischen angefeuchteten Händen zu 8 länglichen Knödeln formen.
Die Gemüsebrühe aufkochen, die Grießknödel in die Suppe geben und kurz aufkochen lassen. Die Hitze reduzieren und die Knödel 20 Minuten leicht köcheln lassen. 10 Minuten vor Ende der Garzeit das in feine Streifen geschnittene Gemüse in die Suppe geben.

Servieren

In jeden Teller 2 Grießknödel legen, die Brühe mit dem Gemüse angießen und mit Schnittlauchröllchen bestreut servieren.

Merkzettel

Grießknödel lassen sich gut auf Vorrat herstellen. Gut verpackt im Kühlschrank halten sie sich bis zu 3 Tage frisch.

Markklößchensuppe

Für 4 Personen
Zubereitungszeit: 25 Minuten
Kochzeit: 10 Minuten

Einkaufsliste/Zutaten

1 kg Rindermarkknochen
80 g frische Semmelbrösel
1 Ei
Salz
Weißer Pfeffer aus der Mühle
Frisch geriebene Muskatnuss
1 l heiße Gemüsebrühe
(siehe Grundrezept S. 14)

Garnierung

Petersilienblättchen

Vorküche

Die Markknochen abwaschen und das Mark aus dem Knochen drücken.

Zubereitung

Das Mark in einen Topf geben und schmelzen lassen. Das geschmolzene Mark durch ein feines Haarsieb gießen und mit Semmelbröseln, Ei und den Gewürzen vermischen. Für 15 Minuten quellen lassen. Mit angefeuchteten Händen kleine Klößchen formen und in siedendem Wasser gar ziehen lassen. Mit dem Schaumlöffel herausnehmen und auf Küchenpapier legen.

Servieren

Füllen Sie die heiße Gemüsebrühe in Suppenschalen und verteilen Sie die Markklößchen darauf. Mit Petersilienblättchen garniert zu Tisch bringen.

Merkzettel

Die Markklößchen sind gar, wenn sie an der Wasseroberfläche schwimmen.

Allgäuer Milchsuppe

Für 4 Personen
Zubereitungszeit: 30 Minuten
Kochzeit: 15 Minuten

Einkaufsliste/Zutaten

250 g Mehl
2 Eier
Salz
1½ l Vollmilch
3 El Zucker

Garnierung

Zucker und Zimt

Vorküche

Aus Mehl, Eiern, Salz und ¼ l Wasser einen geschmeidigen Nudelteig herstellen. Den Teig auf einer mit Mehl bestreuten Arbeitsfläche ausrollen und in etwa 5–6 cm lange, dünne Nudeln schneiden.

Zubereitung

Die Milch in einem Topf erhitzen, den Zucker und die Nudeln zufügen und etwa 8–10 Minuten kochen.

Servieren

Zum Servieren die Milchsuppe in tiefe Teller füllen und mit Zucker und Zimt bestreut genießen.

Merkzettel

Diese Suppe schmeckt auch kalt hervorragend.

Süße Brot- & Mehlspeisen

Zimtweinküchlein

Für 4 Personen
Zubereitungszeit: 20 Minuten
Koch- & Backzeit: ca. 8–10 Minuten

Einkaufsliste/Zutaten

4 Semmeln (Brötchen)
5 gehäufte El Mehl
⅛ l Milch
4 Eier
4 El Zucker
Butterschmalz für die Pfanne
½ l lieblicher Weißwein
1 Tl Zimtpulver

Garnierung

Puderzucker

Vorküche

Jede Semmel in 4 längliche Scheiben schneiden.

Zubereitung

Aus Mehl, Milch, Eiern und 2 El Zucker einen dickflüssigen Teig rühren. Die Semmelscheiben in den Teig tauchen und in der Pfanne in reichlich heißem Butterschmalz schwimmend goldbraun ausbacken. Einen Teller mit mehreren Lagen Küchenpapier auslegen und die fertigen Semmelscheiben darauf abtropfen lassen. In einem Topf den Wein mit 2 El Zucker und dem Zimt erhitzen.

Servieren

Zum Servieren die Semmelscheiben in tiefen Tellern anrichten, mit dem heißen Zimtwein beträufeln und mit Puderzucker bestäuben.

Merkzettel

Wenn Kinder mitessen, kann an Stelle des Weins Trauben- oder Apfelsaft verwendet werden.

Kirschklöße

Für 4 Personen
Zubereitungszeit: 45 Minuten
Backzeit: 15 Minuten

Einkaufsliste/Zutaten

4 Semmeln (Brötchen) vom Vortag
⅛ l Milch
1 Glas Kirschkonfitüre
6 El Mehl
4 Eier
3 El Zucker
1 Päckchen Vanillinzucker
Butterschmalz für die Pfanne

Garnierung

Puderzucker

Vorküche

Von den Semmeln rundherum mit einer Küchenreibe die Kruste abreiben.

Zubereitung

Jede Semmel in 4 Scheiben schneiden. Die Milch in eine kleine Schüssel gießen. Die Semmelscheiben kurz in die Milch eintauchen und sofort wieder ausdrücken. Die Hälfte der Semmelscheiben mit Kirschkonfitüre bestreichen, mit den anderen Scheiben belegen und zusammendrücken. In einer Pfanne so viel Butterschmalz erhitzen, dass die Semmelpäckchen darin schwimmend ausgebacken werden können. Aus Mehl, Eiern, Zucker, Vanillinzucker und der restlichen Milch einen dickflüssigen Teig rühren. Die gefüllten Semmelscheiben im Teig wenden, sofort in das heiße Fett geben und darin goldgelb ausbacken. Einen Teller mit mehreren Lagen Küchenpapier auslegen und die fertigen Kirschklöße darauf abtropfen lassen.

Servieren

Richten Sie die Kirschklöße auf einer runden Platte an und bestreuen Sie diese mit Puderzucker.

Merkzettel

Man kann die Klöße auch mit Erdbeer-, Himbeer-, Johannisbeer- oder Marillenkonfitüre füllen.

Kratzat mit Apfelkompott

Für 6 Personen
Zubereitungszeit: 30 Minuten
Koch- & Backzeit: 25 Minuten

Einkaufsliste/Zutaten
6 Semmeln (Brötchen)
8 El Mehl
8 Eier
⅛ l Milch
3 El Zucker
1 Priese Salz
3 El Butterschmalz

Für das Kompott
500 g säuerliche Äpfel
2 El Zucker
Saft von ½ Zitrone
2 El Weißwein

Garnierung
Puderzucker

Vorküche

Die Semmeln in feine Scheiben schneiden.
Die Äpfel schälen, vom Kerngehäuse befreien, klein schneiden und die Stücke in eine Schüssel geben. Zucker, Zitronensaft und Weißwein dazugeben und vermischen.

Zubereitung

Aus Mehl, Eiern, Milch, Zucker und Salz einen dickflüssigen Teig herstellen. Die Semmelscheiben in den Teig geben und gut unterrühren. In einer schweren Pfanne das Butterschmalz erhitzen und die Teigmischung einfüllen. Sobald die Teigmasse zu bräunen beginnt, mit zwei Pfannenwendern die Teigmasse in kleinere Stücke teilen. Die Teigstücke sollen von allen Seiten eine goldgelbe Farbe bekommen. Die vorbereiteten Äpfel in einen Topf füllen und bei kleiner Hitze schmelzen lassen.

Servieren

Den Kratzat in der Pfanne mit Puderzucker bestreut servieren.
Das Apfelkompott separat dazu reichen.

Merkzettel

Der Kratzat ist die Allgäuer Version vom österreichischen Kaiserschmarren.

Strauben

Für 4 Personen
Zubereitungszeit: 35 Minuten (ohne Wartezeit)
Backzeit: 10 Minuten

Einkaufsliste/Zutaten

6 El Butter
4 Eier
300 g Mehl
2 El Zucker
¼ l Milch
Butterschmalz für die Pfanne

Garnierung

Puderzucker

Vorküche

Die Butter in einem kleinen Topf schmelzen lassen. In einer Pfanne so viel Butterschmalz erhitzen, dass die Strauben darin schwimmend ausgebacken werden können.

Zubereitung

Die geschmolzene Butter mit den anderen Zutaten in einer Schüssel zu einem dickflüssigen Teig verrühren und 15 Minuten quellen lassen. Den Teig anschließend in ein Gefäß mit Ausgießer umfüllen. Den Teig spiralförmig in das heiße Fett gießen und von beiden Seiten goldbraun ausbacken. Einen Teller mit mehreren Lagen Küchenpapier auslegen und die Strauben darauf abtropfen lassen.

Servieren

Richten Sie die Strauben noch warm mit Puderzucker bestreut auf einem Servierteller an und genießen Sie dazu eine heiße Schokolade.

Merkzettel

Das Ausbackfett kann mehrmals verwendet werden: Nach dem Abkühlen durch ein Sieb gießen und bis zum nächsten Gebrauch im Kühlschrank aufbewahren.

Quarkstrudel

Für 4–6 Personen
Zubereitungszeit: 1 Stunde (ohne Wartezeit)
Koch- & Backzeit: 45 Minuten

Einkaufsliste/Zutaten

Für den Teig
250 g Mehl
1 Prise Salz
1 Ei
1 El Öl
⅛ l Milch
Butter für die Form

Für die Füllung
1½ kg Quark (40 % Fett)
2 Eier
150 g Zucker
4 El Butter
4 El Zitronensaft
2 El Speisestärke
100 g Rosinen

Für das Aprikosenkompott
500 g Aprikosen
3 El Zucker
2 El Zitronensaft
2 cl Marillenlikör

Vorküche

Aus den Teigzutaten einen glatten Teig herstellen, in zwei Hälften teilen und abgedeckt 30 Minuten ruhen lassen. Den Quark in ein Sieb geben und gut abtropfen lassen. Die Aprikosen waschen und entsteinen. Den Backofen auf 200 °C vorheizen

Zubereitung

Für die Füllung Eier, Zucker und Butter mit dem Handrührgerät schaumig rühren. Den abgetropften Quark mit Zitronensaft, Speisestärke und Rosinen dazugeben und gut miteinander vermischen. Ein Küchenhandtuch mit Mehl bestäuben und darauf eine Teighälfte so dünn wie möglich ausrollen. Die Hälfte der Quarkmasse darauf geben und mit einer Palette verstreichen. Mit Hilfe des Küchentuchs den Strudel aufrollen und mit der Naht nach unten in eine große, gebutterte Auflaufform legen. Mit dem zweiten Teigstück ebenso verfahren und neben den anderen Strudel legen.
Die Auflaufform auf die mittlere Schiene in den vorgeheizten Backofen stellen und 45 Minuten backen.
In dieser Zeit hin und wieder mit der Milch bepinseln.
Die Aprikosen mit Zucker, Zitronensaft und 3 El Wasser in einen Topf geben und bei kleiner Hitze schmelzen lassen. In eine Schüssel füllen und den Marillenlikör unterziehen.

Servieren

Den Quarkstrudel in Stücke schneiden und mit dem Aprikosenkompott servieren.

Merkzettel

Wenn Kinder mitessen, lassen Sie den Marillenlikör einfach weg.

Reisauflauf mit Pfirsichen

Für 4–6 Personen
Zubereitungszeit: 30 Minuten
Koch- & Backzeit: 1¼ Stunden

Einkaufsliste/Zutaten

250 g Milchreis
6 Eier
1 Glas eingemachte Pfirsiche
4 El Butter
1 l Milch
1 Prise Salz
2 Tropfen Zitronenaroma
6 El Zucker
250 g Quark (40 % Fett)
1 Päckchen Vanillinzucker

Garnierung

Puderzucker

Vorküche

Den Reis in ein Sieb geben und unter kaltem Wasser waschen. Die Eier trennen, die Eiweiße zu Schnee schlagen. Die Pfirsiche in ein Sieb gießen, den Sirup anderweitig verwenden. Die Pfirsichhälften in Viertel schneiden. Eine Auflaufform mit 1 El Butter einfetten und mit Vanillinzucker ausstreuen.

Zubereitung

Den Reis mit Milch, Salz und Zitronenaroma einmal aufkochen und auf kleiner Flamme etwa 30 Minuten ausquellen lassen. Dabei gelegentlich umrühren. Vom Herd nehmen und erkalten lassen. In einer Schüssel 3 El Butter schaumig rühren, Zucker, Eigelbe und Quark zufügen und gut vermischen. Den kalten Reis esslöffelweise unterrühren und zum Schluss mit einem Spatel den Eischnee vorsichtig einarbeiten. Die ganze Masse in die gefettete Auflaufform füllen und die Pfirsichstücke auf der Oberfläche verteilen. Die Auflaufform auf die mittlere Schiene in den Backofen schieben und bei 180 °C für 40–45 Minuten backen.

Servieren

Servieren Sie den Auflauf lauwarm und mit Puderzucker bestreut.

Merkzettel

Mixen Sie den übrig gebliebenen Pfirsichsirup im Verhältnis 1:3 mit kaltem Weißwein. Das ist ein erfrischender Genuss.

Dampfnudeln mit Zwetschgenkompott

Für 4 Personen
Zubereitungszeit: ca. 1 Stunde (ohne Wartezeit)
Koch- & Backzeit: ca. 35 Minuten

Einkaufsliste/Zutaten

Für das Kompott

500 g Zwetschgen
1 Zimtstange
4 El Zucker

Für den Teig

⅛ l Milch
500 g Mehl
½ Würfel frische Hefe (20 g)
2 El Zucker
2 Eier
4 El weiche Butter
1 Prise Salz
Mehl für die Arbeitsfläche

Garnierung

Puderzucker

Vorküche

Die Zwetschgen waschen und entsteinen. Die Milch erwärmen.

Zubereitung

Die Zwetschgen mit der Zimtstange, dem Zucker und 4 El Wasser in einem Topf auf kleiner Flamme ca. 20 Minuten köcheln lassen. Eine große Schüssel bereitstellen. Das Mehl hineinsieben und in die Mitte eine Vertiefung drücken. Die Hefe dort hineinbröseln, mit etwas lauwarmer Milch begießen und ½ Tl Zucker und etwas Mehl darüber streuen. 15 Minuten gehen lassen. Nun alle anderen Zutaten dazugeben und mit den Händen zu einem halbfesten Teig verarbeiten. Der Teig muss so lange geknetet werden, bis er sich von der Schüsselwand löst. Abgedeckt für 1 Stunde an einem warmen Ort gehen lassen. Den Teig nochmals durchkneten und in 4–6 Stücke teilen. Die Teigstücke zu 15 cm langen und 5 cm breiten Teigfladen drücken. Die Fladen mit der weichen Butter bepinseln und aufrollen. Weitere 15 Minuten ruhen lassen. Währenddessen in einer Pfanne mit gut aufliegendem Deckel 2 El Butter, ¼ l Wasser und die Prise Salz erwärmen und die vorbereiteten Teigstücke in die Flüssigkeit setzen. Den Deckel auflegen und den Pfanneninhalt zum Kochen bringen. Die Hitze reduzieren und die Dampfnudeln in ca. 30 Minuten fertig backen. In dieser Zeit auf keinen Fall den Deckel öffnen. Wenn man ein leises Knistern aus der Pfanne vernimmt, sind die Dampfnudeln fertig und haben eine krosse braune Unterseite.

Servieren

Den Deckel so geschickt vom Topf heben, dass kein Wassertropfen auf die Dampfnudeln fällt. Mit einem Holzspatel die Dampfnudeln voneinander lösen und herausheben. Auf Teller geben und dick mit Puderzucker bestreuen. Reichen Sie das Zwetschgenkompott separat dazu.

Merkzettel

Anstelle von Zwetschgenkompott passen auch Apfel- oder Birnenkompott.

Rohrnudeln mit Vanillesoße

Für 4 Personen
Zubereitungszeit: 40 Minuten (ohne Wartezeit)
Koch- & Backzeit: 30 Minuten

Einkaufsliste/Zutaten

Für den Teig

125 g Butterschmalz
¼ lauwarme Milch
1 Ei
75 g Zucker
1 Prise Salz
1 El abgeriebene Zitronenschale
500 g Mehl
1 Päckchen Trockenhefe

Für die Vanillesoße

1 Vanilleschote
½ l Milch
100 g Zucker
1 Tl Speisestärke
2 Eigelbe

Garnierung

Hagelzucker

Vorküche

Das gesamte Butterschmalz schmelzen und 80 g davon in eine große Schüssel geben. Die anderen Zutaten zufügen und schnell zu einem glatten Teig verarbeiten. Die Schüssel abdecken und den Teig an einem warmen Ort gehen lassen, bis er sich verdoppelt hat. Den Teig nochmals durchkneten und in acht gleich große Teigklöße teilen. Die Vanilleschote der Länge nach aufschlitzen.

Zubereitung

Eine eckige Auflaufform mit reichlich Butter auspinseln und die Teigklöße nebeneinander in die Form setzen. Das restliche Butterschmalz über die Klöße tröpfeln und die Auflaufform mit Alufolie verschließen. Im auf 200 °C vorgeheizten Backofen auf der mittleren Schiene für 15–20 Minuten backen.
Die Vanilleschote in der Milch aufkochen, den Zucker zufügen und 10 Minuten ziehen lassen, die Schote entfernen. Die Speisestärke mit 2 El kaltem Wasser verrühren und in die Milch rühren, nochmals aufkochen, vom Herd ziehen und etwas abkühlen lassen. Die beiden Eigelbe verrühren und unter die Vanillemilch ziehen. Zum Auskühlen in eine Schüssel füllen.

Servieren

Die Rohrnudeln in der Form auf ein Holzbrett stellen, mit reichlich Hagelzucker bestreuen und zu Tisch bringen. Die Vanillesoße in einer Sauciere separat dazu reichen.

Merkzettel

Anstelle der Vanillesoße passt auch eine Schokoladensoße sehr gut zu den Rohrnudeln.

Geschnittene Milch

Für 4 Personen
Zubereitungszeit: 15 Minuten
Backzeit: 20 Minuten

Einkaufsliste/Zutaten

4–5 Semmeln (Brötchen)
1 l Milch
4 El weiche Butter
Salz
Frisch geriebene Muskatnuss
4 Eier

Garnierung

Schnittlauchröllchen

Vorküche

Die Semmeln quer in Scheiben schneiden.

Zubereitung

Die Milch mit der Hälfte der Butter in einer hohen Pfanne erhitzen. Die Semmelscheiben in die Milch legen und mit Salz und Muskatnuss würzen. Die Semmelscheiben müssen die ganze Milch aufsaugen. Die Eier in einer Schüssel verrühren und gleichmäßig über die Semmelscheiben geben. Das Ganze bei kleiner Hitze und unter einem Deckel stocken lassen und in dieser Zeit weder umrühren noch wenden. Die restliche Butter in einer anderen Pfanne leicht bräunen und über die gestockte Eimasse gießen.

Servieren

Bringen Sie die „Geschnittene Milch" in der Pfanne mit Schnittlauchröllchen bestreut zu Tisch.

Merkzettel

Mit Mohn- oder Sesambrötchen bekommt die „Geschnittene Milch" ein zusätzliches Aroma.

Herzhafte Brot- & Mehlspeisen

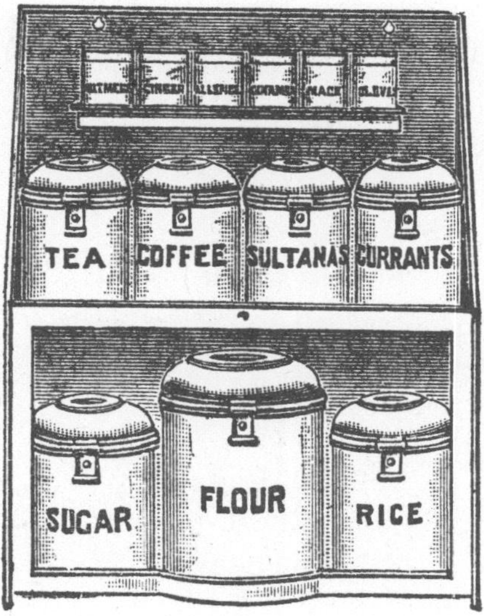

Allgäuer Kässpatzen mit karamellisierten Zwiebeln

Für 4–6 Personen
Zubereitungszeit: 30 Minuten
Koch-, Brat- & Backzeit: 1 Stunde

Einkaufsliste/Zutaten

Für den Teig
500 g Mehl
5 Eier
½ Tl Salz
300 g Allgäuer Bergkäse
3 El Butter

Für die karamellisierten Zwiebeln
5 Gemüsezwiebeln
100 g Butter
Weißer Pfeffer aus der Mühle
Salz
1 Tl brauner Zucker

Garnierung
Feldsalat

Vorküche

Aus Mehl, 5 Eiern, Salz und ⅛ l Wasser mit dem Schneebesen einen zähflüssigen Teig rühren. Abdecken und 15 Minuten ausquellen lassen. Vom Bergkäse die Rinde entfernen und reiben. Die Zwiebeln schälen und auf dem Küchenhobel in hauchfeine Ringe schneiden. In einem großen Topf Salzwasser zum Kochen bringen.

Zubereitung

Für die Zwiebeln die Butter in einer Pfanne erhitzen und darin die Zwiebelringe anbraten. Salzen und pfeffern. Mit dem braunen Zucker bestreuen und unter Wenden karamellisieren lassen.

Den Schlitten vom Spätzlehobel portionsweise mit Teig füllen und zügig ins kochenden Wasser hobeln. Immer wieder umrühren, damit die Spatzen nicht zusammenkleben. Schwimmen die Spatzen an der Wasseroberfläche, müssen sie mit dem Schaumlöffel abgefischt werden. Gut abgetropft kommt nun in eine vorgewärmte Auflaufform die erste Lage Spatzen, darauf geriebener Bergkäse und die Zwiebeln. Die letzte Lage sollten Spatzen sein. Die Butter in Flöckchen darüber verteilen. Stellen Sie die Form für ca. 30 Minuten in den auf 200 °C vorgeheizten Backofen. Die obere Schicht sollte eine goldgelbe Farbe haben.

Servieren

Bringen Sie die Kässpatzen in der Form zu Tisch und reichen Sie dazu einen knackigen Feldsalat.

Merkzettel

Die Allgäuer Kässpatzen sind ein sehr deftiges Gericht.
Zur besseren Verträglichkeit ist es ratsam hinterher einen Obstler zu genießen.

Geschupfte Krautnudeln

Für 4–6 Personen
Zubereitungszeit: 1 Stunde
Koch- & Bratzeit: 1¼ Stunde

Einkaufsliste/Zutaten

Für den Nudelteig

500 g Weizenmehl
2 Eier
Salz

Für das Kraut

80 g Schweineschmalz
200 g gewürfelter, durchwachsener Speck
1 kg Sauerkraut
Salz
Weißer Pfeffer aus der Mühle
1 Tl Kümmel
1 Msp Piment
1 El Butterschmalz für die Pfanne

Garnierung

Petersilienblättchen

Vorküche

Aus Weizenmehl, Eiern, Salz und ⅛ l Wasser einen Nudelteig kneten.
Den Teig zu einem Laib formen und mit den Fingern kleine Teigmengen abzupfen.
Auf der mit Mehl bestreuten Arbeitsfläche zu Schupfnudeln rollen.
Einen großen Topf mit Salzwasser zum Kochen bringen.
Schweineschmalz in einem Topf erhitzen und den gewürfelten Speck darin anrösten.

Zubereitung

Das Sauerkraut gut ausdrücken und zum Speck in den Topf geben.
⅛ l Wasser angießen und mit Salz, Pfeffer, Kümmel und Piment würzen.
Auf kleiner Flamme 1 Stunde köcheln lassen.
Die Schupfnudeln in das kochende Wasser geben. Wenn sie an der Wasseroberfläche schwimmen, mit einer Schaumkelle abfischen und gut abtropfen lassen.
Das Butterschmalz in einer großen, schweren Pfanne erhitzen und die Schupfnudeln mit dem Sauerkraut dazugeben. Alles kräftig anrösten und noch einmal mit Salz, Pfeffer, Kümmel und Piment abschmecken.

Servieren

Servieren Sie die Krautnudeln mit Petersilienblättchen bestreut.

Merkzettel

Geschupfte Krautnudeln lassen sich gut vorbereiten und schmecken aufgewärmt fast noch besser.

Speckknödel

Für 4–6 Personen
Zubereitungszeit: 1 Stunde (ohne Wartezeit)
Koch- & Bratzeit: 30 Minuten

Einkaufsliste/Zutaten

1 Zwiebel
1 Bund Petersilie
8 Semmeln (Brötchen) vom Vortag
150 g durchwachsener Speck
4 El Butter
5 El Schweineschmalz
Weißer Pfeffer aus der Mühle
¼ l Milch
2 Eier
Salz
5–6 El Mehl
3 El Semmelbrösel

Garnierung

Petersilienblättchen

Vorküche

Zwiebel schälen und würfeln. Petersilie waschen und fein hacken, einige Blättchen für die Garnierung zurückbehalten. Die Semmeln in kleine Würfel schneiden. Den Speck würfeln und in einer Pfanne knusprig braten. Die Butter schmelzen und heiß halten.

Zubereitung

In einer Kasserolle das Schweineschmalz erhitzen und darin die Zwiebel und die Petersilie anrösten. Pfeffer und die Semmelwürfel zufügen, knusprig ausbraten, in eine große Schüssel füllen und auskühlen lassen. Milch mit Eiern und Salz vermischen, über die Semmeln gießen und 30 Minuten quellen lassen. Nun Mehl, Semmelbrösel und die gerösteten Speckwürfel zufügen und alles gut durchmischen.
Die Hände in kaltes Wasser tauchen und aus dem Teig kleine Knödel formen, fest zusammendrücken. Die Knödelchen in siedendem Salzwasser etwa 10 Minuten garen. Schwimmen die Knödel an der Wasseroberfläche, sind sie gar.
Mit einem Schaumlöffel herausnehmen.

Servieren

Die fertigen Knödel mit Butter übergießen und mit Petersilienblättchen garnieren.
Sofort servieren.

Merkzettel

Am besten schmecken die Speckknödel, wenn Sie frisch geriebene Semmelbrösel verwenden.

Semmelknödel mit Bärlauch

Für 4 Personen
Zubereitungszeit: 30 Minuten (ohne Wartezeit)
Kochzeit: 30 Minuten

Einkaufsliste/Zutaten

12 Semmeln (Brötchen) vom Vortag
Salz
¼ l lauwarme Milch
1 Zwiebel
1 Bund Bärlauch
6 El Butter
4 Eier

Garnierung

In feine Streifen geschnittener Bärlauch

Vorküche

Semmeln in feine Scheiben schneiden, in eine Schüssel geben, salzen und mit der Milch übergießen. Etwa 15 Minuten ziehen lassen. Zwiebel und Bärlauch fein hacken, dabei einige Bärlauchblättchen für die Garnierung zurückbehalten. Einen Topf mit Salzwasser zum Kochen bringen. 4 El Butter schmelzen und heiß halten.

Zubereitung

Zwiebel und Bärlauch in den restlichen 2 El Butter andünsten, mit den Eiern zu der Semmelmasse geben und zu einem mittelfesten Teig verarbeiten. Mit feuchten Händen Knödel formen und in das kochende Salzwasser geben. Die Hitze reduzieren und die Knödel etwa 25 Minuten ziehen lassen.

Servieren

Die fertigen Knödel mit Butter übergießen und mit Bärlauchblättchen garnieren. Schnell servieren.

Merkzettel

Diese aromatischen Knödel passen gut zu einem Hasenbraten.

Serviettenknödel

Für 4 Personen
Zubereitungszeit: 25 Minuten
Koch- und Bratzeit: 1¼ Stunden

Einkaufsliste/Zutaten

2 Eier
2 Semmeln (Brötchen) vom Vortag
4 El Butter zum Schmelzen
500 g Mehl
Salz
350 ml Milch
2 El Butterschmalz
1 Serviette
Küchengarn

Garnierung

Petersilienblättchen

Vorküche

Die Eier trennen. Die Semmeln in kleine Würfel schneiden. Salzwasser zum Kochen bringen. Die Butter schmelzen und heiß halten.

Zubereitung

Mehl, Eigelbe, Salz und Milch zu einem Teig verarbeiten. Butterschmalz in einer Pfanne erhitzen und darin die Semmelwürfel goldgelb rösten. Abgekühlt zum Teig geben und gut unterrühren. Die Eiweiße steif schlagen und mit einem Spatel unter den Teig heben. Den Teig zu einer Rolle formen und auf eine feuchte Serviette legen. Fest einrollen und die Enden mit Küchengarn verschließen. Den Knödel in kochendes Salzwasser geben und bei geringer Hitze 1 Stunde leicht köcheln lassen. Den fertigen Knödel aus der Serviette rollen und mit Küchengarn in gleichmäßige Scheiben schneiden.

Servieren

Den Serviettenknödel auf eine Platte geben, mit heißer Butter beträufeln und mit Petersilienblättchen garniert servieren.

Merkzettel

Der Serviettenknödel passt zu Fleischgerichten ebenso gut wie zu einem Obstkompott.

Salbeispätzle

Für 4 Personen
Zubereitungszeit: 30 Minuten
Kochzeit: 8–10 Minuten

Einkaufsliste/Zutaten

12 Salbeiblätter
4 El Butter zum Schmelzen
600 g Weizenmehl
4 Eier
Salz

Garnierung

Einige Salbeistreifen

Vorküche

Salbeiblätter waschen und 10 Blätter mit einem scharfen Messer fein hacken. Die restlichen Blätter mit dem Messer in feine Streifen schneiden. Einen großen Topf mit Salzwasser zum Kochen bringen. Die Butter schmelzen und heiß halten.

Zubereitung

Aus Weizenmehl, Eiern, Salz und ¼ l Wasser einen zähflüssigen Teig rühren. Den gehackten Salbei unterrühren. Den Teig in die Spätzlemaschine füllen und mit dem Schlitten über dem kochenden Salzwasser hin- und herfahren. Sobald die Spätzle an der Wasseroberfläche schwimmen, mit einem Schaumlöffel abfischen und gut abtropfen lassen.

Servieren

Die fertigen Salbeispätzle mit der geschmolzenen Butter übergießen, mit Salbeistreifen garnieren und sofort servieren.

Merkzettel

Salbeispätzle sind eine tolle Beilage zu Fleisch- und Wildgerichten.

Kartoffeln & Gemüse

Kartoffelknödel aus rohen Kartoffeln

Für 4 Personen
Zubereitungszeit: 40 Minuten
Koch- & Bratzeit: 15 Minuten

Einkaufsliste/Zutaten

1 Schuss heiße Milch
1 kg rohe Kartoffeln
250 g gekochte Kartoffeln
1 Ei
Salz
70 g Mehl

Für die Schmelze

4 Zwiebeln
4 El Butter
Salz
1 Prise Zucker

Garnierung

Petersilienblättchen

Vorküche

Die rohen Kartoffeln schälen, waschen, auf der Küchenreibe fein reiben, in ein Sieb geben und mit dem Schuss heißer Milch übergießen. Gut abtropfen lassen. Die gekochten Kartoffeln reiben. Die Zwiebeln schälen und in feine Ringe schneiden. Einen Topf mit Salzwasser zum Kochen bringen.

Zubereitung

Alle Kartoffeln in eine Schüssel geben. Mit Ei, Salz und Mehl zu einem Teig verarbeiten. Mit einem nassen Esslöffel Teigmengen abstechen und mit angefeuchteten Händen Knödel formen. Die Knödel in das kochende Salzwasser geben und etwa 15 Minuten auf kleiner Flamme ziehen lassen. Wenn die Knödel an der Wasseroberfläche schwimmen, sind sie gar. In dieser Zeit die Butter in einer Pfanne erhitzen und darin die Zwiebelringe goldgelb rösten. Mit Salz und Zucker abschmecken. Die Knödel aus dem Salzwasser heben und gut abtropfen lassen.

Servieren

Die fertigen Knödel in eine Schale geben und mit den gerösteten Zwiebeln und Petersilienblättchen servieren.

Merkzettel

Durch den Schuss heiße Milch werden die geriebenen Kartoffeln nicht braun.

Knödelschmarren

Für 4 Personen
Zubereitungszeit: 10 Minuten
Bratzeit: 15 Minuten

Einkaufsliste/Zutaten

600 g Kartoffelknödel vom Vortag
5 El Butterschmalz
4 Eier
Salz
Schwarzer Pfeffer aus der Mühle

Garnierung

Gemischter Salat mit Dressing

Vorküche

Die Kartoffelknödel in Scheiben schneiden.

Zubereitung

Das Butterschmalz in einer Pfanne erhitzen und die in Scheiben geschnittenen Knödel von beiden Seiten darin goldbraun braten. Die Eier mit Salz und Pfeffer verrühren, über die Knödelscheiben geben und so lange rösten, bis sie stocken.

Servieren

Auf jeden Teller eine Portion gemischten Salat geben. Den Pfanneninhalt in Viertel teilen und je eins auf den Salat setzen.

Merkzettel

Knödelschmarren ist ein wunderbares Resteessen. Durch den Salat wird es zu einem eigenständigen, sättigenden Gericht.

Kartoffelriebele

Für 4 Personen
Zubereitungszeit: 30 Minuten
Koch- & Bratzeit: 40 Minuten

Einkaufsliste/Zutaten

8 Pellkartoffeln
4 Eigelbe
2 El Semmelbrösel
3 El Mehl
Frisch geriebene Muskatnuss
Salz
Butterschmalz
2 El Zucker

Für das Apfelkompott

500 g säuerliche Äpfel
2 El Zucker
Saft von ½ Zitrone
2 El Weißwein

Garnierung

Puderzucker

Vorküche

Die Pellkartoffeln schon am Vortag garen, in der Schale erkalten lassen und anschließend pellen. Die Äpfel schälen, vom Kerngehäuse befreien und klein schneiden. Mit Zucker, Zitronensaft und Weißwein vermischen.

Zubereitung

Die Kartoffeln auf der Küchenreibe grob reiben. Mit Eigelben, Semmelbröseln, Mehl und den Gewürzen vermischen und einen Teig daraus rühren. Butterschmalz in eine große Pfanne geben, schmelzen und darin den Kartoffelteig anbraten. Mit zwei Kochlöffeln den Teig auseinander reißen, so dass die Teigstücke von allen Seiten braun werden.

Die vorbereiteten Äpfel in einen Topf füllen und bei kleiner Hitze schmelzen lassen. Zum Erkalten in eine kleine Schüssel füllen.

Servieren

Die fertigen Kartoffelriebele mit Zucker und Puderzucker bestreuen, auf Teller füllen und mit je einem Klecks Apfelkompott servieren.

Merkzettel

Pellkartoffeln vom Vortag sind fester in ihrer Konsistenz und fallen auch beim Braten nicht auseinander.

Gurkengemüse

Für 4 Personen
Zubereitungszeit: 15 Minuten
Kochzeit: 15 Minuten

Einkaufsliste/Zutaten

2 Schlangengurken
1 Bund Dill
2 El Butter
Salz
Weißer Pfeffer aus der Mühle

Garnierung

Dillspitzen

Vorküche
Die Gurken schälen, halbieren und die Kerne entfernen. Dill waschen und fein hacken. Einige Dillspitzen für die Garnierung zurückbehalten.

Zubereitung
Die halbierten Gurken in feine Scheiben schneiden. Die Butter in einen Topf geben, schmelzen und die Gurkenscheiben darüber geben. Mit Dill, Salz und Pfeffer würzen und im geschlossenen Topf 10 Minuten dünsten.

Servieren
Das Gurkengemüse mit Dillspitzen bestreuen und als Beilage zum Fleisch reichen.

Merkzettel
Reste vom Gurkengemüse mit dem Pürierstab zerkleinern und mit eiskaltem Joghurt auffüllen. Das ergibt einen erfrischenden Snack.

Grüne Bohnen mit Kartoffeln

Für 4–6 Personen
Zubereitungszeit: 30 Minuten
Kochzeit: 30 Minuten

Einkaufsliste/Zutaten

500 g grüne Bohnen
1 kg Kartoffeln
150 g durchwachsener Speck
1 Bund Bohnenkraut
200 g saure Sahne
Salz
Weißer Pfeffer aus der Mühle

Garnierung

Bohnenkraut

Vorküche

Die Bohnen waschen, an beiden Enden abschneiden, wenn nötig entfädeln. In mundgerechte Stücke schneiden. Kartoffeln schälen, vierteln und waschen. Speck in kleine Würfel schneiden. Bohnenkraut waschen und 2 Stiele fein hacken.

Zubereitung

Die Bohnen mit Bohnenkraut in einen Topf mit kaltem Salzwasser geben, aufkochen und 10 Minuten auf mittlerer Flamme kochen. Die Kartoffeln ebenfalls in einen Topf mit kaltem Salzwasser geben, aufkochen und 15 Minuten auf mittlerer Flamme kochen. Den Speck in eine Pfanne füllen und ohne Fett kross braten. Bohnen und Kartoffeln nach der Garzeit abgießen und ausdampfen lassen. Bohnenkrautzweige entfernen und Kartoffeln und Bohnen in einen Topf füllen. Saure Sahne, den Speck mit dem ausgetretenen Fett, Salz und Pfeffer dazugeben und mit einem Stampfer zerkleinern.

Servieren

Füllen Sie das Bohnen-Kartoffel-Gemüse in eine Schüssel und streuen Sie gehacktes Bohnenkraut darüber.

Merkzettel

Bohnen immer separat kochen. Sie sind im rohen Zustand leicht giftig, was sich während des Kochens verliert.

Glasierte Möhren

Für 4 Personen
Zubereitungszeit: 20 Minuten
Kochzeit: 20 Minuten

Einkaufsliste/Zutaten

500 g Möhren
Salz
3 El Butter
1 El brauner Zucker

Garnierung

Petersilienblättchen

Vorküche

Die Möhren schälen und in feine Scheibchen schneiden.

Zubereitung

Die Möhren in einen Topf füllen und so viel Wasser angießen, dass sie gerade bedeckt sind. Salzen und zum Kochen bringen. Bei mittlerer Hitze 15 Minuten köcheln lassen. Das Wasser abgießen. Die Butter, den Zucker und eine Prise Salz dazugeben, wieder auf die Flamme stellen und erhitzen. Beim Schmelzen überziehen Butter und Zucker die Möhren mit einem seidigen Glanz.

Servieren

Füllen Sie die glasierten Möhren in eine Schüssel und streuen Sie Petersilienblättchen darüber.

Merkzettel

Durch den Zucker bekommen die Möhren ein besonders intensives Aroma.

Fleisch- & Wildgerichte

Schweinsbraten mit rescher Kruste

Für 4–6 Personen
Zubereitungszeit: 45 Minuten
Bratzeit: 2½ Stunden

Einkaufsliste/Zutaten

1 kg Schweinefleisch mit Schwarte aus der Oberkeule
3 Knoblauchzehen
1 Stange Lauch
¼ Sellerieknolle
1 Möhre
Salz
Schwarzer Pfeffer aus der Mühle
2 Lorbeerblätter
¼ l Schwarzbier

Garnierung

Petersilienblättchen

Vorküche

Das Fleisch waschen und gut trockentupfen. Die Schwarte mit einem scharfen Messer rautenförmig einschneiden. Knoblauchzehen schälen und in dünne Stifte schneiden. Mit der Messerspitze zwischen die Schwarteneinschnitte kleine Stiche setzen und die Knoblauchzehenstifte dorthinein drücken.
Lauch, Sellerie und Möhre putzen, waschen und grob zerkleinern.

Zubereitung

Das Fleisch mit Salz und Pfeffer von allen Seiten würzen. Das vorbereitete Gemüse und die Lorbeerblätter in einen Bräter geben, das Fleisch mit der Schwartenseite nach oben auf das Gemüse legen. Die Hälfte vom Schwarzbier angießen und den Bräter auf die mittlere Schiene vom Backofen stellen. Das Fleisch bei 175 °C für 2½ Stunden braten. Hin und wieder etwas Bier angießen. Sollte die Schwarte zu dunkel werden, mit Alufolie abdecken. Den Braten aus dem Bräter heben, auf ein Schneidebrett legen und mit Alufolie abgedeckt 10 Minuten ruhen lassen. Das Gemüse ohne Lorbeerblätter in einen Topf füllen und etwas heißes Wasser angießen. Mit dem Pürierstab pürieren.
Die daraus entstehende sämige Soße in eine Sauciere füllen.

Servieren

Das Fleisch mit einem scharfen Messer in Scheiben schneiden.
Auf einer Fleischplatte anrichten, mit Petersilie garnieren und mit der Soße servieren.
Dazu passen Kartoffelklöße.

Merkzettel

Durch das Garen bei niedriger Temperatur bleibt das Fleisch besonders saftig.

Böfflamott (Bœuf à la mode)

Für 4 Personen
Zubereitungszeit: 1 Stunde (ohne Wartezeit)
Kochzeit: 1¼ Stunde

Einkaufsliste/Zutaten

1 kg Rindfleisch (Schulterstück)

Für die Beize

1 Zwiebel
1 Möhre
¼ Knollensellerie
¼ l Essig
1 Tl Zucker
2 Lorbeerblätter
1 Tl schwarze Pfefferkörner
Salz
2 Gewürznelken

Für die Soße

3 El Butter
4 El Mehl
1 Tl Zucker
¼ Kochsud

Garnierung

Petersilienblättchen

Vorküche

Zwiebel, Möhre und Sellerie schälen und in kleine Stücke schneiden. Mit den anderen Zutaten für die Beize in einen Topf geben und mit ¾ l Wasser aufkochen. Das Fleisch in eine Schüssel legen und mit der abgekühlten Beize übergießen. Für 4–5 Tage im Kühlschrank in der Beize ziehen lassen. Hin und wieder wenden.

Zubereitung

Das Fleisch mit der gesamten Beize in einen Topf geben und für 1 Stunde kochen. Die Butter erhitzen, das Mehl und den Zucker zufügen und eine dunkle Einbrenne herstellen. Mit ¼ l gesiebtem Kochsud ablöschen. Das Fleisch in Scheiben schneiden, in die Einbrenne legen und etwa 10 Minuten darin ziehen lassen.

Servieren

Das Fleisch auf einer Fleischplatte anrichten, mit Soße übergießen und mit Petersilienblättchen garnieren. Zum Böfflamott passen Kartoffelknödel und ein frischer Salat.

Merkzettel

Es waren wohl französische Soldaten, die vor langer Zeit das Bœuf à la mode in die Region brachten. Im Laufe der Jahre wurde daraus das „Böfflamott“.

Kalbshaxe aus dem Rohr

Für 4–6 Personen
Zubereitungszeit: 30 Minuten
Bratzeit: 2 Stunden

Einkaufsliste/Zutaten

1 Kalbshaxe (ca. 2 kg)
150 g fetter Speck
Salz
Schwarzer Pfeffer aus der Mühle
1 Tl getrockneter Thymian
2 Tassen Fleischbrühe
1 Tl Speisestärke
½ l süße Sahne
½ l Weißwein

Garnierung

Petersiliensträußchen

Vorküche

Die Kalbshaxe kalt abwaschen und abtrocknen. Den fetten Speck in dünne Scheiben schneiden.

Zubereitung

Die Kalbshaxe mit Salz, Pfeffer und Thymian würzen. Mit ¾ der Speckstreifen einen Bräter auslegen, die Haxe darauf legen und mit den restlichen Speckscheiben bedecken. Den Deckel auf den Bräter setzen und im Backofen bei 200 °C für 40 Minuten braten. 1 Tasse Fleischbrühe angießen und weitere 40 Minuten im geschlossenen Topf dünsten. Den Deckel entfernen, Hitze auf 180 °C reduzieren und weitere 40 Minuten garen. Hin und wieder mit Bratenfond begießen. Die Haxe aus dem Bräter nehmen, den Bratenfond mit der restlichen Brühe auffüllen und mit Speisestärke binden. Sahne zufügen und mit Weißwein abschmecken.

Servieren

Die Haxe auf einer Fleischplatte mit Petersiliensträußchen anrichten und die Soße separat dazu reichen.
Zur Kalbshaxe passen luftige Semmelknödel und ein herzhaftes Kraut.

Merkzettel

Die Kalbshaxe ist etwas teurer und sollte beim Metzger vorbestellt werden.

Hasenbraten nach Jägerart

Für 4 Personen
Zubereitungszeit: 20 Minuten
Bratzeit: ca. 1 Stunde

Einkaufsliste/Zutaten

1 Hase ohne Kopf
Salz
Schwarzer Pfeffer aus der Mühle
1 Tl getrockneter Majoran
4 El Butter
100 g durchwachsener,
in Scheiben geschnittener Speck
1 Becher saure Sahne
1 Tl Speisestärke

Garnierung

Petersilienblättchen

Vorküche

Den Hasen waschen, trockentupfen und alle silbrigen Häutchen entfernen. Den Backofen auf 200 °C vorheizen.

Zubereitung

Den Hasen salzen, pfeffern und mit Majoran einreiben. Einen Bräter dick mit Butter einfetten und den Hasen mit dem Bauch nach unten hineinlegen. Den Rücken mit Speckscheiben belegen und 4 El Wasser darüber tröpfeln. Den Bräter in den Backofen auf die mittlere Schiene stellen und 30 Minuten bei 200 °C braten. Die Hitze auf 170 °C reduzieren und weitere 30 Minuten braten. 10 Minuten vor Ende der Bratzeit die saure Sahne aufrühren und über den Hasen gießen. Den Hasen aus dem Bräter heben und den Bratenfond mit in etwas Wasser aufgelöster Speisestärke binden.

Servieren

Zum Servieren den Hasen auf eine Platte legen, mit Petersilienblättchen garnieren und die Bratensoße separat dazu reichen.

Merkzettel

Hasenfleisch ist sehr mager. Es muss vor dem Braten unbedingt mit Speck abgedeckt werden, sonst wird das Fleisch trocken.

Wildschweinbraten St. Hubertus

Für 4 Personen
Zubereitungszeit: 30 Minuten
Brat- & Backzeit: 2 Stunden

Einkaufsliste/Zutaten

1 kg Wildschwein von der Keule
1 Zwiebel
1 Möhre
Salz
Schwarzer Pfeffer aus der Mühle
1 Tl Majoran
10 im Mörser zerdrückte Wacholderbeeren
125 g durchwachsene Speckscheiben
30 g Butter
1 Petersilienwurzel
¼ l Fleischbrühe
¼ l Rotwein
⅛ l Sahne
20 g Speisestärke

Garnierung

Grüne Pfefferkörner

Vorküche

Das Fleisch gründlich waschen, gut trockentupfen und von allen Häuten befreien. Zwiebel, Möhre und Petersilienwurzel schälen und in feine Stücke schneiden.

Zubereitung

Das Fleisch mit Salz, Pfeffer, Majoran und den zerdrückten Wacholderbeeren einreiben. Fest mit den Speckscheiben umwickeln. In einer tiefen Pfanne die Butter erhitzen und die fein geschnittene Zwiebel, Möhre und Petersilienwurzel darin andünsten. Das Fleisch dazulegen und anbraten. Die Pfanne in den Backofen stellen und bei 180 °C für 2 Stunden braten. Mehrmals mit Fleischbrühe und Rotwein aufgießen. Braten herausnehmen und warm stellen. Die Sahne mit der Speisestärke vermischen und damit die Soße binden.

Servieren

Den Braten in Scheiben schneiden, auf einer Fleischplatte anrichten und mit den grünen Pfefferkörnern bestreuen.
Dazu passen rohe Kartoffelklöße und der gleiche Rotwein, der zum Kochen verwendet wurde.

Merkzettel

Kaufen Sie Wildfleisch beim Fachhändler oder vom Jäger selbst. Dort bekommen Sie die beste Qualität.

Hirschrollbraten

Für 4–6 Personen
Zubereitungszeit: 30 Minuten
Bratzeit: 2½ Stunden

Einkaufsliste/Zutaten

1½ kg ausgelöstes Hirschblatt
150 g Räucherspeckscheiben
½ Tl Salz
Schwarzer Pfeffer aus der Mühle
2 Zwiebeln
1 Knoblauchzehe
100 g Butterschmalz
6 Pfefferkörner
1 Lorbeerblatt
1 Msp Thymian
¼ l Weißwein
1 Stück Speckschwarte
¼ l Fleischbrühe
1 Becher saure Sahne
Saft von 1 Zitrone
1 Msp Nelkenpulver
1 El Senf
2 El Tomatenmark
Küchengarn

Garnierung

Tomatenviertel

Vorküche

Das ausgelöste Hirschblatt waschen, trockentupfen und auf die Arbeitsfläche legen. Mit dem Räucherspeck belegen, salzen und pfeffern. Wie einen Rollbraten aufrollen und mit Küchengarn zusammenbinden. Von außen ebenfalls salzen und pfeffern. Zwiebeln und Knoblauch schälen und vierteln.

Zubereitung

In einem Bräter das Butterschmalz erhitzen und die Fleischrolle einlegen. Von allen Seiten Farbe annehmen lassen. Zwiebeln, Knoblauch, Pfefferkörner, Lorbeerblatt und Thymian zufügen und mit Weißwein übergießen. Die Speckschwarte auf die obere Seite der Fleischrolle legen und den Bräter in den auf 190 °C vorgeheizten Backofen stellen. 1 Stunde braten, die Fleischbrühe zufügen, die Hitze auf 170 °C reduzieren und eine weitere Stunde braten.
In dieser Zeit immer wieder mit Bratenfond übergießen. 20 Minuten vor Ende der Bratzeit die Speckschwarte entfernen. Saure Sahne mit Zitronensaft, Nelkenpulver, Senf und Tomatenmark mischen, über die Fleischrolle gießen und zu Ende garen.

Servieren

Das Küchengarn entfernen, die Hirschrolle in Scheiben schneiden und auf einer Fleischplatte anrichten. Mit Tomatenvierteln garnieren.

Merkzettel

Die Speckschwarte verhindert das Austrocknen und gibt zusätzlich einen feinen Geschmack.

Rehrücken

Für 6 Personen
Zubereitungszeit: 30 Minuten
Bratzeit: 50 Minuten

Einkaufsliste/Zutaten

2 Sternanis
2 Tl Koriandersaat
2 Gewürznelken
1 kleine Zimtstange
2 Tl weiße Pfefferkörner
1 Stück Rehrücken (mit Knochen, ca. 900 g, vom Wildhändler entsehnt und pariert)
Salz
4 El Öl

Garnierung

Petersilienblättchen

Vorküche

Sternanis, Koriander, Nelken, Zimt und Pfeffer in einem Mörser sehr gut zerstoßen.

Zubereitung

Die Fleischseite des Rehrückens mit der Gewürzmischung einreiben. Den Rehrücken salzen, in einem Bräter oder einer Pfanne im Öl auf der Fleischseite anbraten, dann auf die Knochenseite legen. Im vorgeheizten Backofen bei 160 °C etwa 40 Minuten braten. Den Rehrücken aus dem Backofen nehmen, mit Alufolie abdecken und 10 Minuten ruhen lassen.

Servieren

Zum Servieren die beiden Rückenfilets vom Knochen lösen, in Medaillons schneiden, wieder an den Knochen legen und mit Petersilie garnieren.
Dazu passen rohe Kartoffelklöße und ein Birnenkompott.

Fruchtdesserts & Aufläufe

Vier-Frucht-Mus

Für 4 Personen
Zubereitungszeit: 1 Stunde
Kochzeit: 15 Minuten

Einkaufsliste/Zutaten

1 kg gemischte Früchte
(Zwetschgen, Äpfel, Heidelbeeren, Kirschen)
250 g Zucker
2 Tl Zimt
4 El Zitronensaft
1 Msp Nelkenpulver
⅛ l Weißwein

Garnierung

Vanilleeis

Vorküche

Die Früchte waschen, trockentupfen, eventuell entkernen.

Zubereitung

Die Früchte in einen Topf geben und mit den anderen Zutaten gut vermischen. Den Wein angießen und auf kleiner Flamme etwa 15 Minuten köcheln.

Servieren

Servieren Sie das Fruchtmus in kleinen Glaskelchen mit je einer Kugel Vanilleeis.

Merkzettel

Auch wenn Kinder mitessen, kann unbedenklich Wein verwendet werden. Der Alkohol hat sich während des Kochens verflüchtigt.

Vanilleauflauf

Für 4 Personen
Zubereitungszeit: 30 Minuten
Koch- & Backzeit: 1 Stunde

Einkaufsliste/Zutaten

5 Eier
1 Vanillestange
75 g Mehl
½ l Milch
100 g Zucker
1 Päckchen Vanillinzucker
4 El Butter
Butter & Zucker für die Form

Garnierung

Schokostreusel

Vorküche

Die Eier trennen, die Eiweiße steif schlagen.
Vanillestange aufschlitzen und das Mark herauskratzen.

Zubereitung

Das Mehl in einen Topf geben und langsam unter ständigem Rühren mit dem Schneebesen die Milch zugießen. 2 Eigelbe, die Hälfte vom Zucker, Vanillemark, Vanillinzucker und die Butter zufügen und die Masse unter ständigem Rühren 5 Minuten kochen lassen.
Vom Herd ziehen und kalt schlagen.
In die kalte Masse die restlichen Eigelbe, Zucker und den Eischnee rühren. Eine Auflaufform dick mit Butter einfetten, mit Zucker ausstreuen und die Milchmasse einfüllen. In den auf 200 °C vorgeheizten Backofen stellen und für 40 Minuten backen.

Servieren

Servieren Sie den Vanilleauflauf noch lauwarm mit Schokostreuseln bestreut.

Merkzettel

Wer den Vanilleauflauf besonders cremig machen möchte, nimmt anstelle der Milch süße Sahne.

Semmelauflauf mit Äpfeln

Für 4 Personen
Zubereitungszeit: 30 Minuten (ohne Wartezeit)
Backzeit: 40 Minuten

Einkaufsliste/Zutaten

10 Semmeln (Brötchen)
½ l Milch
2 Eier
500 g Äpfel
100 g Butter
100 g Rosinen
100 g Zucker
Zimtpulver

Garnierung

Hagelzucker

Vorküche

Die Semmeln in Scheiben schneiden und in eine Schüssel legen. Milch und Eier verquirlen und über die Semmeln gießen. So lange ziehen lassen, bis die Semmeln die ganze Flüssigkeit aufgesogen haben. Die Äpfel vierteln, schälen, das Kerngehäuse entfernen und in dünne Spalten schneiden. Mit der Hälfte der Butter eine Auflaufform einfetten. Den Backofen auf 190 °C vorheizen.

Zubereitung

1/3 der Semmelmasse auf den Boden der Auflaufform geben. Mit der Hälfte der Äpfel und Rosinen belegen und mit Zucker und Zimt bestreuen. Wieder 1/3 Semmelmasse, die restlichen Äpfel, Rosinen, Zucker und Zimtpulver darüber geben. Mit der restlichen Semmelmasse abschließen. Die übrige Butter in kleinen Flöckchen auf dem Auflauf verteilen. Die Form in den vorgeheizten Backofen schieben, die Hitze auf 175 °C reduzieren und den Auflauf 40 Minuten goldgelb backen.

Servieren

Den Semmelauflauf lauwarm mit Hagelzucker bestreut servieren.

Merkzettel

Für diesen Auflauf können auch Semmeln vom Vortag verwendet werden.

Birnenkompott

Für 4 Personen
Zubereitungszeit: 20 Minuten
Kochzeit: 15 Minuten

Einkaufsliste/Zutaten

1 kg Birnen
Saft von 1 Zitrone
5 El Zucker

Garnierung

Einige Minzeblättchen

Vorküche
Die Birnen schälen, das Kerngehäuse entfernen und in Spalten schneiden.

Zubereitung
Die Birnenspalten mit Zitronensaft, Zucker und 3 El Wasser in einen Topf geben und bei mittlerer Hitze in 15 Minuten schmelzen lassen.

Servieren
Gießen Sie das Birnenkompott in eine Glasschale, lassen es auskühlen und garnieren es mit einigen Minzeblättchen.

Merkzettel
Wer mag, kann das Kompott mit einem Spritzer Williamsbrand parfümieren.

Rhabarberkompott

Für 4 Personen
Zubereitungszeit: 15 Minuten
Kochzeit: 10 Minuten

Einkaufsliste/Zutaten

1 kg Rhabarber
5 El Zucker
1 Päckchen Vanillinzucker

Garnierung

Hagelzucker

Vorküche

Von den Rhabarberstangen die äußere Haut abziehen und die Stangen in 5 cm lange Stücke schneiden.

Zubereitung

Rhabarberstücke, Zucker und Vanillinzucker in einen Topf geben und mit 1 Tasse Wasser aufgießen. Auf mittlerer Hitze etwa 10 Minuten köcheln lassen.

Servieren

Das Rhabarberkompott noch heiß in eine Schüssel füllen und mit Hagelzucker bestreuen.

Merkzettel

Der Hagelzucker schmilzt und hinterlässt kleine, süße Seen.

Register